Kulinarisches Kroatien

Končić & Schlichter

Kochbuch mit Rezepten, wie sie heute landestypisch zubereitet werden.

duomundi Verlag

Text
Željka Končić
Elke Schlichter

Rezeptphotos
Elke Schlichter
Photo S. 3
Emmanuel Olympius

Gestaltung
Antonina

Graphische Vorbereitung
DENONA d.o.o.

Druck
DENONA d.o.o.

2003
duomundi Verlag
Zagreb

ISBN 3-00-012088-2 Deutschland

CIP - Katalogizacija u publikaciji
Nacionalna i sveučilišna knjižnica - Zagreb

UDK 641.568(083.12)(497.5)

KONČIĆ, Željka
Kulinarisches Kroatien : Rezepte, wie
sie heute landestypisch zubereitet werden
/ <Željka> Končić, <Elke> Schlichter ;
<photos Elke Schlichter>. - Frankfurt a/M
: E. Schlichter ; Zagreb : Duomundi, 2003.

ISBN 3-00-012088-2 (E. Schlichter). - ISBN
953-99332-0-X (Duomundi)

1. Schlichter, Elke

430807050

Vorwort

Natürlich sind die geschichtlich bedingten Einflüsse von Österreich und Italien noch heute in der kroatischen Küche zu erkennen, wobei sich jedoch eine landestypische Zubereitung der Speisen herausgebildet hat. Die Liebe zu Fisch und Fleisch und die Verarbeitung frischer Produkte ist die Grundlage köstlicher Gerichte in der "Küche der Regionen", die man deshalb so nennt, weil sich die Rezepte aus z.B. Hrvatsko Zagorje, einer ländlichen Gegend, von denen aus der mediterranen Küche der Küste Dalmatiens oder aus Istrien unterscheiden. Dieses abwechslungsreiche Land mit seiner wunderschönen Küste, dem herrlichen Wasser und dem guten Wein hat auch kulinarisch einiges zu bieten.
Wir haben versucht, eine gute Auswahl der landestypischen Rezepte zusammen zu stellen und wünschen viel Spaß beim Nachkochen.

dobar tek!

Der geräucherte und luftgetrocknete Schinken ist eine Spezialität aus Dalmatien. Seinen besonderen Geschmack erhält er durch den bei traditioneller Lagerung mindestens zwei Jahre lang dauernden Reifeprozess. Pag, eine Insel vor Zadar, ist bekannt für ihren Hartkäse aus Schafsmilch. Die dortige hohe Salzkonzentration in Luft und Meer verleiht der Schafsmilch ihren typisch würzigen Geschmack, aus der man den Käse macht.

Roher Schinken mit Pager Käse und Oliven
Pršut s paškim sirom i maslinama

luftgetrockneter Schinken aus Dalmatien
Schafskäse von der Insel Pag
grüne oder schwarze Oliven

Schinken in dünne Scheiben schneiden - je dünner desto besser. Den Käse von der Insel Pag dazu reichen und auf einer Platte mit grünen oder schwarzen Oliven garnieren.

Die köstlich belegten Brotscheiben sind heute überall in dem mediterranen Raum verbreitet und stehen auch für die naturreine und schmackhafte Küche Dalmatiens. Das dort gepresste Olivenöl macht den geschmacklichen Unterschied zu anderen Regionen aus.

Geröstete Brotscheiben mit frischen Tomaten
Prepečenac sa svježim rajčicama

Olivenöl
600 g Fleischtomaten
1 Weißbrot
3 Knoblauchzehen
6 El gehacktes Basilikum
Salz
Pfeffer aus der Mühle

Die Fleischtomaten schälen, vierteln, die Kerne entfernen und in kleine Würfel schneiden. In einer Schüssel mit dem Basilikum, Salz, Pfeffer, Knoblauch und dem Olivenöl vermischen.
Das Weißbrot in ca. 1 cm dicke Scheiben schneiden, mit etwas Öl beträufeln und in einer Pfanne 2 Min. jeweils auf beiden Seiten rösten. Die zubereiteten Tomatenwürfel auf den warmen Brotscheiben verteilen. Mit ganzen Basilikumblättern anrichten.

Reich deckt das Meer den Tisch - aus Jakobsmuscheln kann man ein Carpaccio machen, man kann sie gratinieren, kochen, grillen...
In Deutschland belegen Funde, dass die Jakobsmuschel im Mittelalter - an Hut und Mantel getragen - das Erkennungszeichen der Pilger auf ihrer großen Wallfahrt war.

Gebackene Jakobsmuscheln
Zapečene jakopske kapice

20 küchenfertige Jakobsmuscheln
2 Fleischtomaten
2 kleine Zwiebel
1 Bund Petersilie
4 Zweige Majoran
75 g Butter
Parmesan
Salz und Pfeffer

Die Jakobsmuscheln etwa 1 Min. in kochendem Salzwasser ziehen lassen und auf die Muschelschalen verteilen. Mit Salz und Pfeffer würzen. Tomaten häuten und in Würfel schneiden, Petersilie und Majoran klein hacken und die Zwiebel fein würfeln. Alles zusammen mischen und über das Muschelfleisch verteilen und auf jede Schale etwas Butter geben. Mit Parmesan bestreuen und ca. 5 - 10 Min. im Backofen überbacken.

Die ausgereifte, süße Honigmelone und der in der Bura getrocknete, geräucherte und salzig schmeckende hauchdünn geschnittene Schinken sind eine ideale Kombination aus süßem und salzigem Geschmack.

Roher Schinken aus Dalmatien mit Melone
Pršut s dinjom

luftgetrockneter Schinken aus Dalmatien
Honigmelone

Schinken in dünne Scheiben und die Honigmelone in Stücke schneiden. Schinken mit der Melone portionsweise anrichten.

Spargelomelett isst man vor allem in Istrien, im Frühling wenn es frischen, wilden Spargel gibt.

Spargelomelett
Omlet od šparoga

500 g Spargel
6 Eier
4 El Butter
2 El Sauerrahm
Salz und Pfeffer
Zucker nach Geschmack

Den geschälten Spargel zu einem Bund binden und in heißem, gesalzenem und gezuckertem Wasser 10-15 Min. kochen lassen. Währenddessen Eier mit Sauerrahm, Salz und Pfeffer verrühren. Den noch bissfesten Spargel in 3 - 4 cm lange Stücke schneiden, mit der Butter in eine Pfanne geben und die zu Rührei geschlagenen Eier darüber gießen und bei leichter Hitze braten bis die Eier fertig sind.

In Istrien sucht und isst man Trüffel wegen des hervorragenden Geschmackes und seiner aphrodisierenden Wirkung, die ihm seit römischen Zeiten nachgesagt wird. In Istrien ist sowohl weißer als auch schwarzer Trüffel zu finden.

Trüffelomelett
Fritaja s tartufima

6 Eier
100 g schwarze Trüffeln
1 Prise Salz
4 El Sahne
Butter

Die Trüffel gut mit lauwarmem Wasser waschen, trocken tupfen und danach reiben. Die Eier schlagen, salzen und die Sahne unterrühren. Die geriebenen Trüffel hinzufügen. In eine Pfanne ausreichend Butter geben und die Eimasse darin stocken lassen. Eine perfekte Fritaja muss innen weich und außen fest sein. Das Omelett auf einen Servierteller gleiten lassen und sofort servieren.

"Isst eine junge Frau mit ihrem Geliebten gebackene Muscheln, wird sie sich seines Reichtums, aber auch seines Vertrauens erfreuen." übermittelt die Sage.

Gebackene Muscheln
Pečene školjke

2 kg Muscheln in der Schale
1 kleine Zwiebel
125 g Butter
etwas Mehl
Zitronensaft
Pfeffer und Salz
Petersilie

Muscheln unter fließendem Wasser abwaschen. Muscheln, die sich vor der Zubereitung geöffnet haben und sich nicht schließen, wenn man sie berührt, sollten nicht verwendet werden. Die Muscheln in einem Topf mit kochendem Wasser solange ziehen lassen bis sie sich öffnen. Das Muschelfleisch entnehmen, gut abtropfen lassen und mit Küchenpapier trocken tupfen. Die Muscheln in einer Schale mit Mehl bestäuben und zusammen mit der gehackten Zwiebel in Butter in einer Pfanne backen. Danach sie mit Zitronensaft beträufeln, mit heißer Butter übergießen und vor dem Servieren mit frisch gehackter Petersilie bestreuen.

Quark mit ofenfrischem Maisbrot
Sir s vrhnjem i domaćim kukuruznim kruhom

Quark
2-3 Becher Sahne
Salz

Für das Maisbrot:
eine Tasse Sauerteig
100 g Hefe
1 1/4 l lauwarmes Wasser
1 kg Maismehl
1 l heißes Wasser
1 El Salz
1,5 kg Weizen-, Roggen und Gerstenmehl

Den Sauerteig mit der Hefe und dem lauwarmen Wasser in einer großen Schüssel verrühren und an einem warmen Platz gehen lassen. Das mit heißem Wasser begossene Maismehl salzen, gut verrühren und abkühlen lassen. Weizen-, Roggen- und Gerstenmehlgemisch, das vorbereitete Maismehl und das gegangene Hefe Sauerteiggemisch zu einem Teig verarbeiten und gut durchkneten bis ein fester Teig entsteht. Den Teig an einem warmen Platz erneut 20-30 Min. gehen lassen. Den Backofen auf 220 °C vorheizen. Das Brot 1 Stunde backen, wenn es beim Klopfen gegen die Unterseite hohl klingt, ist es fertig. Auf einem Gitter vollständig abkühlen lassen. Dazu reicht man den Quark und die Sahne.

Gekochter Schinken mit Meerrettichsoße

Das Wort Kren, wie Meerettich auch genannt wird, hat seinen Ursprung im Slawischen, auf Kroatisch "hren". Sein scharfer Geschmack lässt sich durch Beimengung von Äpfeln lindern. In Kroatien genießt man ihn auch frisch sofort nach dem Reiben mit etwas Zitronensaft beträufelt.

Gekochter Schinken mit Meerrettichsoße
Kuhana šunka s umakom od hrena

300 g gekochter Schinken

<u>für die Béchamelmeerrettichsoße:</u>
eine große Meerrettichwurzel
2 El Butter
3 El Mehl
1 l Milch
Salz und Zucker

<u>Für die leichte Meerrettichsoße:</u>
eine große Meerrettichwurzel
2 El Sauerrahm
1 kleiner säuerlicher Apfel
eine halbe Zitrone
1Tl kalt gepresstes Öl
Salz

Den Schinken in dünne Scheiben schneiden, auf einer Platte anrichten und garnieren.

Für die Béchamelmeerrettichsoße:
Die Butter zerlassen. Das Mehl, Salz und Zucker dazu geben und bei schwacher Hitze unter Rühren in 2-3 Min. anschwitzen. Die Milch hinzufügen, dabei fortwährend rühren. Kurz bevor die Soße kocht, den geriebenen Meerrettich darunter rühren und zum Schinken reichen.

Für die leichte Meerrettichsoße:
Den Meerrettich reiben und mit etwas Zitronensaft beträufeln. Den Apfel reiben und auch mit Zitronensaft beträufeln. Das Öl dazu geben, damit der Meerrettich nicht seine Farbe verliert. 2 El Sauerrahm und etwas Salz darunter rühren und zum Schinken reichen.

Krevettenrisotto isst man als leichtes Hauptgericht nach einem am Strand verbrachten Sommertag. Hier präsentiert sich der Reis nicht als schlichte Beilage, sondern als Zwischengericht. Ein guter Risotto braucht Geduld und viel Rühren für ein gutes Gelingen.

Krevettenrisotto
Rižoto s kozicama

1 kg Krevetten
4 El Olivenöl
2 El fein gehackte Petersilie
eine kleine fein gehackte Zwiebel
100 ml frischer Tomatensaft
300 g Reis
Kochwasser von den Krevetten
Salz und Pfeffer
Parmesan zum Bestreuen.

Die Krevetten in Salzwasser gar kochen und schälen. Das Kochwasser auffangen und durch ein Sieb gießen. Zwiebel in Öl gelb dünsten, Petersilie, Tomatensaft und Reis dazu geben, nach und nach mit dem Kochwasser der Krevetten begießen und immer wieder gut umrühren. Bei schwacher Hitze den Reis 10 Min. kochen. Die geschälten Krevetten hinzufügen und weiter kochen bis der Reis gar ist. Mit Parmesan bestreuen.

Ein echter Leckerbissen sowohl für das Auge als auch für den Gaumen.

Schwarzer Tintenfischrisotto
Crni rižoto

1 kg Tintenfisch
240 g Reis
100 g Zwiebeln
20 ml Öl
0,5 l Fischfond
Salz und frisch gemahlener Pfeffer
1 Bund gehackte Petersilie
geriebener Parmesan

Den küchenfertigen Tintenfisch in kleine Stücke schneiden und den Farbbeutel beiseite legen. Grobgehackte Zwiebel in heißem Öl anbräunen, den Tintenfisch dazu geben und mit Salz und Pfeffer würzen. Eine halbe Stunde dünsten lassen und ab und zu leicht umrühren. Danach den Farbstoff aus dem Farbbeutel hinzufügen.
In einem anderen Topf den Reis ins heiße Öl geben, unter Rühren langsam den Fischfond dazu geben und so in ca. 15 Min. den Reis weich kochen. Den Tintenfisch dazu geben und gut mit dem Reis verrühren. Die Petersilie und den Parmesan einstreuen und einige Minuten ziehen lassen. Heiß servieren.

Risotto mit Steinpilzen
Rižoto s vrganjima

350 g Reis für Risotto
300 g Steinpilze
3 El Olivenöl
3 El Butter
1 mittlere Zwiebel
1,5 l Hühnerfond
Meersalz und frischer Pfeffer
50 g Butter

Die Steinpilze putzen und klein schneiden. Die Zwiebel in kleine Würfel schneiden und in Öl mit Butter andünsten. Reis dazu geben und auch mit anbraten bis er seine weiße Farbe verliert. Nach und nach unter ständigem Rühren den Hühnerfond - selbst gemachter Fond verleiht dem Risotto einen kräftigeren Geschmack, man kann aber auch Brühwürfel verwenden - dazugeben. Immer erst dann neue Flüssigkeit hinzugeben, wenn der Reis alle andere aufgenommen hat. Nach ca. 10 Min. die Steinpilze unterrühren und nach weiteren ca. 10 Min. ist der Reis al dente. Nun mit dem Meersalz und dem frisch gemahlenen Pfeffer abschmecken und zum Schluss noch die Butter unterrühren.

Bandnudeln mit istrischem schwarzen Trüffel

Bandnudeln mit istrischem schwarzen/weißen Trüffel
Tagliatelle s istarskim crnim tartufima

350 g Bandnudeln
1 El Butter
Salz und Pfeffer
schwarzer/weißer Trüffel aus Istrien

In einem großen Topf mit reichlich gut gesalzenem Wasser Bandnudeln al dente kochen. Die Butter in einer Pfanne erhitzen und die Bandnudeln darin schwenken und mit Salz und Pfeffer abschmecken. Der Trüffel wird in hauchdünnen Scheiben darüber gegeben und alles sofort serviert.

Nudelteig:
4 Eier (2 Eier + 2 Eigelb)
300 g Mehl
2 Tl Essig

Die Eier von Hand schlagen und den Essig dazugeben. Dann das Mehl unterarbeiten. Den Teig gründlich durchkneten und immer wieder - ca. 10 Min. - von allen Seiten einschlagen bis er eine feste Konsistenz bekommt. Den Teig in mehrere Stücke schneiden und mit dem Nudelholz bzw. der Nudelmaschine zu feinen Teigplatten ausrollen und in Streifen beliebiger Breite schneiden

Spaghetti mit Tomatensoße
Pašta sa šalšom

400 g Spaghetti
1 Tl Olivenöl
1 große gehackte Zwiebel
1 zerdrückte Knoblauchzehe
450 g abgezogene kleingeschnittene Tomaten
Salz und Pfeffer
etwas Zucker
1 kl. Zweig Rosmarin

Öl erhitzen und Zwiebel, Knoblauch, Zucker und Rosmarin darin anbraten. Die Tomaten dazugeben, pfeffern und salzen und noch 10 Min. köcheln lassen.
Die Soße mit den frisch gekochten Spaghetti vermischen und frisch servieren.

Spaghetti mit Tomatensoße

Istrisches Süppchen
Istarska supica

100 ml trockener Rotwein
170 g dunkles Brot
55 g Zucker
1 EL Olivenöl
1 Messerspitze Pfeffer

Den Wein mit dem Zucker erwärmen, in eine Schale gießen und mit Pfeffer würzen. Die in Würfel geschnittenen Brotscheiben in einer Pfanne in Olivenöl rösten und auch in die Schale geben. Heiß essen.

Eintopf mit Kichererbsen

Eine Eigenart der istrischen Küche sind die verschiedenen Zwischengerichte, so genannte Minestra, oder auf kroatisch "maneštra". In istrischen Gasthäusern kann man unter anderem Minestra aus Fenchel, weiße Minestra oder Minestra mit Kichererbsen - in Istrien "maneštra od bobići" genannt - probieren.

Eintopf mit Kichererbsen
Maneštra od bobići

1 mittelgroße Zwiebel
1 zerdrückte Knoblauchzehe
3 El Olivenöl
200 g Kichererbsen
1 l Hühnerfond
1 kleine Zucchini
2 Tomaten
1El Tomatenmark
150 g kleine Makkaroni
1 El fein gehacktes Basilikum
1 El fein gehackte Petersilie
Salz und Pfeffer

Die Zwiebel in kleine Würfel hacken und mit dem Knoblauch in einem Topf mit Olivenöl andünsten. Die über Nacht in reichlich Wasser eingeweichten Kichererbsen gründlich abspülen, gut abtropfen lassen und in den Topf geben. Mit dem Fond auffüllen und 15 Min. sprudelnd kochen lassen. Die Hitze reduzieren und abschäumen. Danach zugedeckt noch weitere 30 Min. kochen. Inzwischen die Makkaroni in einem extra Topf al dente kochen. Die Zucchini in Scheiben und die enthäuteten Tomaten in Würfel schneiden. Ist die vorgegebene Zeit um, die Zucchini, Tomatenwürfel und Tomatenmark hinzufügen, durchrühren und mit Salz und Pfeffer abschmecken Dies noch weitere 5 - 10 Min. garen. Abschließend die Makkaroni unterrühren und vor dem Servieren mit den frischen Kräutern bestreuen.

Brudet kann ein leichtes Sommerhauptgericht sein oder in anderen Jahreszeiten als Suppe gereicht werden. Dieses Fischergericht lässt sich schlicht als Fischsuppe bezeichnen. Es ist jedoch mehr. Alles, was gefischt wird, kommt in den Topf, und zwar mit Kopf und Schwanz. Die Feinschmecker bevorzugen dafür den Drachenkopf, auf kroatisch "škarpina", da er nicht wie bereits viele andere Meeresfische gezüchtet wird, sondern frei lebt. Da sich aber an seinen Rückenflossen giftige Giftdrüsen befinden, muss man sehr aufpassen und diese vor dem Kochen entfernen.

Brudet

1 kg Meeresfisch; küchenfertig
1/8 l Olivenöl
1 in Blätter geschnittene Zwiebel
2 fein gehackte Knoblauchzehen
1 Bund fein gehackte Petersilie
2-3 in Würfel geschnittene Tomaten
Pfeffer und Salz
Weinessig nach Geschmack
ca. 1 l Wasser

Größere Fische in Stücke schneiden. Zwiebel in Olivenöl glasig anbraten, Fische dazu geben und bei leichter Hitze braten bis sie gelblich werden. Knoblauchzehen, Petersilie, Tomaten, Pfeffer und Salz nach Geschmack hinzufügen. Mit Wasser begießen bis der Fisch bedeckt ist. Aufkochen, Essig dazu geben und 90 Min. bei schwacher Hitze zugedeckt köcheln lassen. Brudet darf nicht gerührt, sondern nur geschüttelt werden. Zu Brudet reicht man Polenta oder helles Brot.

Durch Gerichte nach lešo Art zeichnet sich das Gebiet Dalmatiens aus. Das Grundrezept ist Gekochtes mit in Olivenöl angebratenem Knoblauch anzurichten.

Gedünsteter Fisch und Meeresfrüchte nach lešo Art
Riba i plodovi mora na lešo

1 in dünne Scheiben geschnittene Zwiebel
1 in dünne Scheiben geschnittene Knoblauchzehe
3El Olivenöl
250 g halbierter Porree
eine kleine in Stäbchen geschnittene Fenchelknolle
1,4 l Fischfond
1 Lorbeerblatt
5 schwarze Pfefferkörner
2 Gewürznelken
1 Prise Safran
750 g Fischfilet (Goldbarsch zum Beispiel)
200 g gekochte Pfahlmuscheln
100 g frisch gekochte Krebse
175 g gekochte Krevetten ohne Schale

Die Muscheln, Krebse und Krevetten in Salzwasser gar kochen; die Krevetten schälen. Zwiebel, Knoblauch und Öl in einem großen Topf anbraten, Fenchel und Porree dazu geben und 3 Min. unter Rühren anbraten. Fischfond, Lorbeerblatt, Pfeffer, Gewürznelken und Safran hinzufügen und gut umrühren. Inzwischen dieFischfilets in kleine ca. 3 cm breite Stücke schneiden, dazu geben und zugedeckt 10 Min. bei mittlerer Hitze weitergaren.
Muschelfleisch, Krebse und Krevetten dazugeben und umrühren. Zugedeckt weitere 3 Min. köcheln. Lorbeerblatt, Pfefferkörner und Gewürznelken herausnehmen. Den gedünsteten Fisch und die Meeresfrüchte portionsweise verteilen und servieren.

Es ist am besten, wenn zwischen Fang und Teller weniger als ein Tag liegt und wenn sie, wie es bei den Dalmatinern heißt, dreimal schwimmen: im Meer, im Öl und im Wein.

Gegrillte Sardinen
Grilane srdele

1,25 kg Sardinen
eine in Scheiben geschnittene Zitrone
eine in Scheiben geschnittene Tomate
Saft einer Zitrone
1El Olivenöl
4 zerdrückte Knoblauchzehen
2 El gehackte Petersilie
Salz und frisch gemahlener schwarzer Pfeffer
1 El gehackter Majoran

Sardinen schuppen und ausnehmen. Nachdem die Köpfe von den Fischen abgetrennt wurden, die Sardinen waschen, trocken tupfen und danach in eine eingefettete feuerfeste Schale legen. In Scheiben geschnittene Zitronen und Tomaten dazwischen legen. Olivenöl mit Zitronensaft, Knoblauch, Petersilie, Salz, Pfeffer und Majoran vermischen und damit die Fische beträufeln. Im auf 200 °C vorgeheizten Backofen ca 20 Min. braten. Als Beilagen gebackene Kartoffeln und Salat reichen.

Gemüse nach lešo Art ist ein unvermeidlicher, alltäglicher Bestandteil dalmatinischer Küche.

Fisch vom Grill
Riba s grila

Süss- oder Salzwasserfische - geschuppt und ausgenommen
5 El Olivenöl
1 Tl Salz
frisch gemahlener schwarzer Pfeffer
1 Bund klein gehackte Petersilie
Zweige frischer Kräuter - je nach Geschmack
1 Zitrone

Die vorbereiteten Fische waschen und mit Küchenkrepp trocken tupfen. Die Petersilie zusammen mit dem Olivenöl mischen und den Fisch auf beiden Seiten bestreichen. Nach Geschmack innen und außen salzen und pfeffern. Die Fische mit den Zweigen frischer Kräuter und zwei dünnen Zitronenscheiben füllen und von beiden Seiten 10 Min. auf dem Grill rösten. Dazu werden Kartoffeln mit Mangold gereicht.

Gemüse nach lešo Art
Povrće na lešo

1 kg Gemüse
5 El Olivenöl
2 feingehackte Knoblauchzehen
2 El feingehackte Petersilie

Das Gemüse nach Geschmack in Salzwasser gar kochen, abtropfen lassen und in eine vorgewärmte Schale geben. Knoblauchzehen und Petersilie in heißem Öl unter Umrühren anbraten und anschließend über das Gemüse geben. Gut durchschütteln und gleich servieren.

Kartoffeln und Mangold nach lešo Art
Krumpir s blitvom na lešo

1 kg geschälte, gekochte und geviertelte Kartoffeln
ein Bund Mangold
5 El Olivenöl
2 fein gehackte Knoblauchzehen

Mangoldblätter waschen, Stengelansatz entfernen, klein schneiden und in Salzwasser blanchieren. Fein gehackte Knoblauchzehen in heißem Öl unter Umrühren in einer großen Pfanne anbraten, die Kartoffeln und den Mangold dazu geben, vorsichtig vermengen und 4 Min. bei schwacher Hitze ziehen lassen.

Neue Kartoffeln sind eine einfache, aber leckere Beilage , die vor allem zu Fischgerichten gereicht werden.

Neue Kartoffeln mit Dill und Zitrone
Mladi krumpir s limunom i koprom

1 kg neue Kartoffeln
1 El feingehackter Dill
Saft einer Zitrone
Olivenöl
Salz und frisch gemahlener Pfeffer

Neue Kartoffeln schälen und in gesalzenem Wasser kochen. Mit Zitronensaft und Olivenöl begießen und mit feingehacktem Dill, Salz und frisch gemahlenem Pfeffer würzen.

In den Konobas, den für Dalmatien typischen einfachen Gasthäusern ist der traditionelle "peka" sehr populär. Unter einer Metallglocke, die über und über mit heißen Kohlen und Asche bedeckt wird, werden am häufigsten Tintenfisch oder Lamm zusammen mit Kartoffeln und Gemüse zubereitet.

Tintenfisch unter Peka mit neuen Kartoffeln
Hobotnica ispod peke s mladim krumpirom

2 kg Tintenfisch (Krake)
1 kg neue Kartoffeln
10 ml Olivenöl
20 ml Weißwein
eine Zwiebel
drei Knoblauchzehen
Salz und Pfeffer
Petersilie

Den Tintenfisch in einen Topf legen und ohne Wasser - zugedeckt - bis er seinen violetten Saft zieht, schmoren lassen. Gelegentlich den Tintenfisch wenden. Ihn so lange im eigenen Saft schmoren lassen bis vom violetten Saft nur noch die Farbe im Topf bleibt. Den Topf zur Seite stellen.

Neue Kartoffeln waschen, nicht schälen und falls sie größer sind, halbieren, leicht salzen und in eine feuerfeste Form legen. Die Zwiebel halbieren und dazu geben. In die Mitte der Form den Tintenfisch legen und mit Olivenöl begießen. Mit dem Peka, einer Metallglocke, zudecken. Den Peka mit Holzkohleglut bedecken und seinen Inhalt ca. 40 Min. garen.

In den Topf, in dem der Tintenfisch geschmort wurde, etwas Olivenöl gießen und darin den feingehackten Knoblauch andünsten. Weißwein, Pfeffer und Petersilie dazu geben und 2 Min. kochen. Den Tintenfisch und die neuen Kartoffeln damit begießen und noch 2 Min. ziehen lassen bis die Kartoffeln durchgezogen und der Tintenfisch zart ist.

Der Tintenfisch kann auch ohne Peka im auf 200 °C vorgeheizten Ofen zubereitet werden.

Bei diesem dalmatinischen Gericht werden Scampi, Miesmuscheln oder andere Meeresfrüchte in einer kräftigen Soße im eigenem Saft gedünstet. Die Soße schlürft man nach Fischerart oder tunkt sie mit Brot auf.

Scampi in roter Soße
Škampi na buzaru

1 kg Scampi
500 g Tomaten
300 g rote Zwiebel
5 El Olivenöl
5 Knoblauchzehen
2 El Mehl
1 l Fischfond
2 El Petersilie
Saft einer Zitrone
Meersalz und Pfeffer

Klein gehackte Zwiebel in Öl glasig dünsten. 1 El Petersilie und kleingehackte Knoblauchzehen hinzufügen. Das Mehl unterrühren. Tomaten schälen, in kleine Würfel schneiden, unter die Zwiebel geben und dünsten. Fischfond zugießen, aufkochen lassen und die Soße über die gut abgespülten Scampi gießen. Zugedeckt 30 Min. köcheln lassen und mit Salz und Pfeffer abschmecken. Vor dem Servieren den Saft einer Zitrone und die restliche Petersilie hinzufügen. Mit Polenta oder Brot reichen.

Gefüllte Calamari ist eines der vielen Calamarigerichte, die sich in Dalmatien durch die Nähe zum Meer großer Beliebtheit erfreuen. Kalamari isst man das ganze Jahr über sowohl an der Küste als auch im Landesinneren.

Gefüllte Kalamari
Punjene lignje

750 g kleine Tintenfische
3 Zwiebeln
2 Knoblauchzehen
1 Bund feingehackte Petersilie
7 El Olivenöl
Salz und Pfeffer

Kopf mit Fangarmen und Innereien aus dem Fischkörper herausziehen. Die Fangarme abschneiden, das weiße Knorpelstück aus dem Fangarmansatz entfernen und das Sepiaschild aus dem Innern des Fischkörpers herausziehen. Den Fisch enthäuten, umstülpen und gut waschen. Für die Füllung die kleingeschnittenen Fangarme, die feingehackten Zwiebeln und Knoblauchzehen zusammen mit der Petersilie vorbereiten und in Öl anbraten. Salz und Pfeffer dazu geben und 1 Min. braten. Danach Kalamari damit füllen und Öffnungen mit Zahnstochern verschließen. Gesalzene Fische bei mittlerer Hitze 15 Min. braten.
Gefüllte Kalamari können auch gegrillt werden. Dafür Knoblauch mit Petersilie in Olivenöl anbraten und über die gegrillten Kalamari geben.

Ruccolasalat

Lamm unter Peka
Janjetina ispod peke

1.2 kg Lammkeule
1 kg neue Kartoffeln
1 Zwiebel
3 EL Öl
Salz
ein Glas Wasser

Das Lammfleisch salzen. Die Kartoffeln schälen, halbieren, salzen und in eine geölte feuerfeste Form geben und das Lammfleisch darauf legen. Die in Viertel geschnittene Zwiebel und das Wasser dazu geben. Mit dem heißen Peka, einer Metallglocke, und der Feuerkohleglut bedecken. Nach einer Stunde das Lammfleisch auf die andere Seite drehen und wieder mit dem Peka und der Feuerkohleglut zudecken. Noch eine Stunde backen lassen.

Ruccola ist ein aus Dalmatien stammender, nach seinem herzhaftem Geschmack bekannter Salat, der in ganz Kroatien gerne gegessen wird. Es schmeckt würziger und schärfer als anderswo.

Ruccolasalat
Salata od rukole u umaku

200 g Ruccola

Für die Salatsoße:
6 El Olivenöl
1 El Wein- oder Apfelessig
1 El Zitronensaft
1 große zerdrückte Knoblauchzehe
Pfeffer und Salz
Parmesan zum Bestreuen

Ruccola waschen, abtrocknen und die einzelnen Blätter voneinander trennen. Leicht salzen und pfeffern. Die zerdrückte Knoblauchzehe mit Olivenöl, Essig und Zitronensaft verrühren und über die Ruccolablätter gießen. Mit Parmesan bestreuen und zu neuen Kartoffeln reichen.

Kroatische Köche bevorzugen das Pager Lammfleisch, das durch die salzhaltigen, an Heilkräutern reichen Weiden ein herzhaftes Aroma erhält.

Lammschulter mit Gemüse
Janjeći but s povrćem

1 Lammschulter
2 Knoblauchzehen
1 Tl schwarze Pfefferkörner
1 El Rosmarin
6 El Olivenöl
Saft einer Zitrone
500 g Karotten
500 g kleine Zwiebeln
300 ml Wasser
Salz
2 Lorbeerblätter
eine halbe Stange Sellerie

Knoblauchzehen halbieren. Lammschulter mehrmals 2 cm tief einschneiden und den Knoblauch hineinstecken. Das Fleisch in eine Marinade aus Pfeffer, Rosmarin, Zitronensaft und Öl einlegen und zugedeckt über Nacht ziehen lassen. Dabei 1-2 mal wenden. Schulter salzen, mit Fettseite nach unten in die Fettpfanne des auf 200 °C vorgeheizten Backofens legen. Fleisch 20 Min. anbraten, wenden und mit Wasser angießen.
Geschälte Karotten halbieren, Zwiebel vierteln und in die Fettpfanne zusammen mit dem feingeschnittenen Sellerie und den Lorbeerblättern geben. Die Schulter weitere 50 Min. braten und mehrmals mit Bratenfond übergießen. Am Ende die Lorbeerblätter herausnehmen und Scheiben des Fleisches aufschneiden.

Krautwickel
Sarma

1 Kopf gekochtes Weißkraut

Für die Füllung:
300 g Schweinehackfleisch
100 g Rinderhackfleisch
1 Ei
1,5 Tasse angedünsteter Reis
1 feingehackte Zwiebel
2 El Sonnenblumenöl
5 El Sonnenblumenöl
1l kaltes Wasser
1 l warmes Wasser
1 Tasse Tomatensaft
3-4 El Mehl
1 zerdrückte Knoblauchzehe
Pfeffer und Salz
1 Lorbeerblatt
100 g gewürfelter Räucherspeck

Feingehackte Zwiebeln ins erhitzte Öl geben. Den Reis dazu geben, mit dem Kochlöffel umrühren, 2-3 El Wasser dazu geben und alles 5 Min. dünsten. Hackfleisch mit dem Ei, Salz und Pfeffer vermischen. Den angedünsteten Reis dazu geben und die Masse eine halbe Stunde ruhen lassen.
In einem großen Kochtopf Öl erhitzen, das Mehl und die Knoblauchzehe darin anbräunen und unter ständigem Rühren zuerst kaltes und danach warmes Wasser hinzufügen. Danach Tomatensaft und Lorbeerblatt dazu geben.
Je 3-4 Kohlblätter aufeinander legen, etwas Füllung darauf verteilen und zum Krautwickel zusammenrollen. Zusammen mit dem Räucherspeck in die vorbereitete Soße geben. Bei leichter Hitze eine Stunde köcheln lassen. Am Ende das Lorbeerblatt herausnehmen.

Die Küche Nordwestkroatiens zeichnet sich durch viele einfache, deftige und köstliche Gerichte aus. Gemüse- oder Fleischeintöpfe, die entweder als Vor- oder Hauptgang gereicht werden, schmecken am nächsten Tag noch besser, weil die verschiedenen Aromen sich erst mit der Zeit voll entfalten.

Bohneneintopf
Grah sa suhim mesom

500 g weiße Bohnen
2 fein gehackte Zwiebeln
1 grüner in breite Streifen geschnittener Paprika
1 roter in breite Streifen geschnittener Paprika
100 g Räucherspeck
2 El Öl
1 El Paprikapulver
1 El Mehl
Salz und Pfeffer
Wasser
4 Paar rote Kochwürste

Bohnen über Nacht in kaltem Wasser einweichen. Räucherspeck in breite Streifen schneiden. Öl erhitzen und den Speck darin auslassen. Zwiebel zugeben und gelb dünsten. Mehl und Paprikapulver hinzufügen und gut verrühren. Eingeweichte, abgetropfte Bohnen dazu geben, 1 Liter Wasser zugießen, salzen und pfeffern. Den Suppentopf bei mittlerer Hitze etwa 1 Stunde kochen lassen. In den letzten 10 Min. die Würste und die Paprikastreifen dazu geben.

Die istrische Küche stellt eine Mischung aus der des Binnenlandes und der der Küstenregion dar. Žgvacet, eine Art Gulasch vom Huhn, Rind oder Wild, das mit verschiedenen für Istrien charakteristischen Teigwaren wie zum Beispiel "Njoki" aus Kartoffelteig gereicht wird, steht für diese deftig-bäuerliche Küche im Inneren der Halbinsel.

Istrisches Gulasch
Žgvacet

800 g Kalbskeule oder mageres Wildfleisch
2 Zwiebel
5 Knoblauchzehen
250 g Tomaten
20 ml Weißwein
500 ml Wasser
Prise Majoran
1 Bund Petersilie
1 El Mehl
Olivenöl
Salz und Pfeffer

Kalbskeule oder Wildfleisch in Würfel schneiden und in Öl 3 Min. anbraten. Danach das Fleisch aus der Pfanne nehmen und im gleichen Öl feingehackte Zwiebel, Knoblauchzehen und Petersilie anbraten. Das Fleisch wieder dazugeben und mit Majoran, Salz und Pfeffer würzen und mit dem Mehl bestäuben. Die Tomaten und den Weißwein dazugeben und alles unter gelegentlichem Zugießen von warmem Wasser bei schwacher Hitze schmoren lassen bis das Fleisch weich ist und die Soße dicht wird. Mit hausgemachten Nudeln oder Polenta reichen.

Gnocchi
Njoki

1 kg rohe Kartoffeln
200 g Mehl
1 Tl Salz
Muskatnuss
Meersalz zum Kochen

Die Kartoffeln am besten am Vortag kochen und grob reiben, wenn sie noch warm sind. Für den Gnocchiteig die vorbereiteten Kartoffeln mit dem Mehl und dem Salz mischen und etwas frische Muskatnuss darüber reiben. Alles wird so lange vermengt bis ein gleichmäßiger Teig entsteht. Den Teig zu einer ca. 2 cm dicken Rolle formen. Mit einem Messer 2-3 cm lange Stücke abtrennen und mit bemehlten Händen zu kleinen ovalen Gnocchi formen. Diese nun auf einer mit Mehl bestäubten Unterlage ablegen. Inzwischen einen großen Topf mit Salzwasser zum Kochen bringen. Wenn das Wasser kocht, die Temperatur zurückschalten und die Gnocchi darin so lange ziehen lassen bis sie an die Oberfläche steigen - dann sind sie fertig. Mit dem Schaumlöffel die Gnocchi herausnehmen und servieren oder zuvor kurz in einer Pfanne mit Butter goldgelb anbraten.

Schweinekotelett nach Bauern Art mit gerösteten Kartoffeln
Svinjski kotleti na seljački s restanim krumpirom

800 g Schweinekotelett
600 g Kartoffeln
3 Zwiebeln
4 Knoblauchzehen
1 Bund Petersilie
20 ml Wasser
Öl
Salz und Pfeffer

Koteletts auf beiden Seiten gut klopfen, salzen und in Öl braten. Unterdessen zwei feingehackte Zwiebel und die Knoblauchzehen in Öl anbraten, mit Wasser übergießen, aufkochen lassen und über die Koteletts gießen und noch 10 Min. bei schwacher Hitze schmoren lassen. Unterdessen die in große Scheiben geschnittenen Kartoffeln in einer anderen Pfanne mit der restlichen feingehackten Zwiebel rösten und zu den Koteletts reichen.

Gebratene Paprika
Pečene paprike

6 große rote Paprika
2 kleingehackte Knoblauchzehen
Salz und Pfeffer
Olivenöl
Zitronensaft

Gewaschene Paprika halbieren, entkernen und auf einem Backblech im 220°C vorgeheizten Ofen braten bis die Haut Blasen schlägt und sich vom Fleisch lösen lässt. Anschließend in Gefrierbeutel füllen, diese verschließen und darin die Paprika handwarm abkühlen lassen. Die Paprika herausnehmen und den Saft auffangen. Danach Paprika häuten, längs in Viertel schneiden und in eine Schale legen. Paprika salzen, pfeffern, Knoblauch und den aufgefangenen Saft hinzugeben und die Schale mit Öl auffüllen bis die Paprika bedeckt sind. Zitronensaft nach Geschmack hinzugeben und mehrere Stunden ziehen lassen.

In der kroatischen Küche findet man Polenta in verschiedenen Regionen unter verschiedenen Namen. In Nordkroatien isst man "žganci", in der Küche des Gorski Kotar und der Lika isst man "Pura", eine Art feste Polenta.

Gebratene Leber mit Polenta
Jetrica sa žgancima

200 g Kalbsleber
1 große Zwiebel
2 El Öl
1 Tl Butter

Für die Polenta
1,1 l Wasser
225 g Maisgrieß für Polenta
1 Tl Salz
50 g Butter

Das Wasser zum Kochen bringen. Den Maisgrieß unter ständigem Rühren nach und nach hinzufügen, salzen und bei schwacher Hitze noch ca. 15 Min. kochen. Dabei immer wieder gut umrühren. Kurz vor Ende die Butter unterrühren.
Zuvor die Leber in Streifen schneiden. Die Zwiebeln schälen, fein hacken und im Öl glasig dünsten. Die Leberstreifen dazugeben und rundum braun anbraten. Mit Salz und Pfeffer abschmecken.
Die Leberstreifen mit eigener Soße und der Polenta reichen.

Mlinci

Truthahn mit Mlinci
Purica s mlincima

1 junger Truthahn (2,5 -3 kg)
Salz
150 g Butter
½ l Wasser

Truthahn innen und aussen salzen und mit Butter bepinseln. 50 g Butter im Bräter erhitzen und den Truthahn braun anbraten. Wasser zugiessen und den Truthahn zugedeckt im 220 °C heissen Backofen etwa 2 Std. braten. Zwischendurch mehrmals mit Bratensaft begiessen.

Mlinci isst man vor allem in Hrvatsko Zagorje. Früher trocknete man Mlinci auf einer gußeisernen Herdplatte. Jetzt kann man sie auch fertig kaufen.

Mlinci

500 g Mehl
1 Tl Salz
300 ml Wasser oder Milch
¼ l Milch

Mehl mit Salz und lauwarmem Wasser oder Milch verkneten. Teig etwa 15 Min. ruhen lassen und dann auf einem bemehlten Tuch dünn ausrollen. Teigplatte in 20 cm grosse Quadrate schneiden. Jede Teigplatte aufs Backblech legen und im 180 °C vorgeheizten Backofen solange backen bis sie bräunlich wird. Abgekühlte Mlinci in Stücke brechen und in heisser Milch 10 Min. einweichen. Danach die Milch abgiessen und die Mlinci mit der jeweiligen Bratensoße vermengen und als Beilage servieren.

Ćevapčići

550 g Schweinehackfleisch
250g Rinderhackfleisch
1 große fein gehackte Zwiebel
Salz und Pfeffer
1 El Öl

Die Hackfleischmasse mit Salz, Pfeffer und Zwiebel 5-10 Min. sehr kräftig durchkneten. Aus der Masse fingerlange, gut daumendicke Röllchen formen. Diese - Ćevapčići - auf eine Platte legen, mit Haushaltsfolie zudecken und am besten über Nacht in den Kühlschrank legen. Am nächsten Tag mit dem Öl einpinseln und auf den Grill legen und unter ständigem Drehen so lange braten bis diese gar sind. Ćevapčići wird mit Ajvar und Salat gegessen.

Fleischspieße Ražnjići

400 g Schweinefilet, Putenfleisch oder Lammfleisch

Marinade:
3 El Öl
Salz und Pfeffer
1 Tl Rosmarin

Das in 3 cm große Würfel geschnittene Fleisch vor dem Grillen in eine Ölmarinade legen, mit Salz, Pfeffer und Rosmarin würzen und 30 Min. zugedeckt ziehen lassen. Danach das Fleisch auf Spieße stecken. Fleischspieße auf geöltem Grillrost rundum etwa 10 Min. grillen. Dazu gibt es Paprikareis.

Paprikareis oder "Djuveč" ist eine herzhafte, saftige, herrlich riechende Melange aus Reis und verschiedenen Paprikaschoten, Tomaten und Zwiebel sowie verschiedener Gewürze, die sowohl als Beilage aber auch als Hauptspeise gegessen wird.

Paprikareis Djuveč

1 Tasse Langkornreis
2 Tassen Wasser
2 El Öl
2 klein gehackte Zwiebel
1 El Sellerie
1 Lorbeerblatt
3 in größere Stücke geschnittene Tomaten
1 entkernte und in Streifen geschnittene rote Paprika
2 entkernte und in Streifen geschnittene grüne Paprika
1 kleine geschälte und in Streifen geschnittene Zucchini
Salz und Pfeffer

Reis waschen und abtropfen lassen. Zwiebel und Sellerie in einer großen Pfanne bei schwacher Hitze gelb dünsten. Den Reis unter Rühren 4 Min. rösten und danach die Tomatenstückchen unterrühren. Das Wasser separat zum Kochen bringen und mit dem Lorbeerblatt zum Reis geben. Zugedeckt 15 Min. köcheln lassen und dann die Zucchini und die Paprika dazu geben. Nun weitere 5 Min. alles zusammen unter gelegentlichem Umrühren gar kochen. Das Lorbeerblatt entfernen, den Reis salzen und pfeffern.

Ajvar, im Volksmund als "Kaviar des armen Mannes" bezeichnet, ist das zur Paste eingekochte Fruchtfleisch vorwiegend aus roten Paprikaschoten, das kalt als Vorspeise gereicht wird und sehr gut zu Gegrilltem und Kurzgebratenem schmeckt.
Köstlich auch zu gegrilltem Gemüse.

Ajvar

5 gepresste Knoblauchzehen
3 kleingehackte Chilischoten
5 größere Aubergine
45 fleischige Paprika
2-3 EL Öl
Essig
Salz und Pfeffer
Olivenöl

Aubergine und Paprika im Backofen braten. Noch warmes Gemüse schälen, Stielansätze entfernen und Paprika entkernen. Alles durch den Fleischwolf drehen. Die Knoblauchzehen und die Chilischoten dazu geben. Mit Essig, Salz und Pfeffer nach Geschmack würzen. In einen großen, schweren Topf 2-3 EL Öl geben, wärmen und Aubergine-Paprikamasse hinzufügen. Bei schwacher Hitze braten und oft umrühren bis es fertig wird, d.h. bis der Topfboden beim Ziehen des Kochlöffels sauber bleibt. Ajvar in saubere, trockene und warme Gläser geben. In jedem Glas 2-3 Finger Freiraum lassen. Ajvar mit Olivenöl übergießen, so dass sich eine einen Finger breite Ölschicht über dem Ajvar bildet. Gläser mit Folie bedecken, kühl und trocken aufbewahren.

Die violette Frucht der Aubergine, in Dalmatien "melancana" genannt, kann hierzulande fast zu jeder Jahreszeit zubereitet werden, da Aubergine nahezu immer angeboten werden.

Gefüllte Aubergine
Punjeni patlidžani

1 große Aubergine
2 El Olivenöl
2 mittelgroße gehackte Zwiebel
1 zerdrückte Knoblauchzehe
175 g gehackte Champignons
2 El feingehackte Petersilie
500 g abgezogene klein geschnittene Tomaten
Salz und Pfeffer
1 Lorbeerblatt

Aubergine waschen und der Länge nach halbieren. Die Hälften mit einem Löffel aushöhlen und das Auberginefleisch grob hacken. In einer Pfanne Öl erhitzen und die Zwiebel bei schwacher Hitze 3-4 Min. darin anbraten. Knoblauch, Champignons und gehacktes Auberginefleisch hinzu geben und zugedeckt 10 weitere Min. schmoren. Petersilie untermischen, pfeffern und salzen. Die Auberginehälften in eine feuerfeste Form legen und mit zwei Drittel der Füllung füllen. Die restliche Füllmasse mit dem Lorbeerblatt und den klein geschnittenen Tomaten vermischen und 10 Min. köcheln lassen. Das Lorbeerblatt aus der Soße nehmen und diese auf die Auberginehälften verteilen. Alles im auf 180 °C vorgeheizten Backofen etwa 20 Min. backen.

Bohnensalat mit Zwiebel und Kürbiskernöl
Grah salata s lukom i bučinim uljem

125 g über Nacht eingeweichte Wachtelbohnen
6 El Kürbiskernöl
1 in Scheiben geschnittene Zwiebel
½ Bund fein gehackte Petersilie
1 El fein gehackter Sellerie
Weinessig nach Geschmack
Salz und Pfeffer
mildes Paprikapulver nach Geschmack

Wachtelbohnen in 1 Liter Wasser über Nacht einweichen. Abtropfen lassen und in einem Topf mit reichlich Wasser 20 Min. sprudelnd kochen lassen. Die Hitze reduzieren und gar köcheln lassen, wobei die Wachtelbohnen weich, aber nicht matschig sein sollen. Die im Kochwasser abgekühlten Bohnen gut abtropfen lassen. Die Bohnen und die Zwiebel miteinander vermischen und langsam das Kürbiskernöl dazu geben. Petersilie, Sellerie, Salz und Paprikapulver dazu geben und miteinander vermischen. Am Ende den Weinessig dazu geben. Vor dem Servieren einige Zeit im Kühlschrank durchziehen lassen.

Geröstete Maiskolben
Pečeni kukuruz

4 frische Maiskolben
Butter
Salz und Pfeffer

Frische Maiskolben schälen, mit Butter bestreichen und am Grill unter gelegentlichem Wenden von allen Seiten etwa eine halbe Stunde rösten. Geröstete Maiskolben nach Geschmack salzen und pfeffern.

Spanferkel isst man in Kroatien sonntags oder wenn man etwas feiert. Sehr oft wird das ganze Ferkel am Spieß gegrillt oder man lässt es in einer Bäckerei braten .

Spanferkel am Spieß
Pečeni odojak

2 kg Spanferkel
Salz
3 El Öl
2 Knoblauchzehen
1 kg säuerliche Trauben
50 g Räucherspeck
1 Glas Bier
3 Zwiebel

Spanferkel waschen, trocken tupfen, mit Salz und Knoblauchzehen einreiben. Das Ferkel mit säuerlichen Trauben in die Fettpfanne des Backofens legen und mit erhitztem Öl begießen. Im auf 200 °C vorgeheizten Backofen etwa 45 Min. braten. Dabei mehrmals mit dem ins Bier getunkten Räucherspeck bestreichen. Danach das Fleisch wenden, die in Würfel geschnittenen Zwiebel dazu geben und noch 40 Min. knusprig braun braten.

Bučnica isst man in Hrvatsko Zagorje, dem nordwestlich von Zagreb gelegenen Gebiet, wenn es frischen, länglichen, grünen Kürbis gibt, also am Ende des Sommers. Für diesen, für die Küche dieses Gebietes charakteristischen Strudel, braucht man einen länglichen, grünen Kürbis, der dort gezüchtet wird. Dieser ist nicht mit dem üblichen, orangefarbenen Gemüsekürbis zu verwechseln.

Strudel mit Käse-Kürbisfüllung
Bučnica

Für den Teig:
½ kg Mehl
2 El Sonnenblumenöl
1 Ei
Salz
etwas lauwarmes Wasser

Für die Füllung:
ca. 400 g frischer Quark
20 ml Sauerrahm
1 kleiner Kürbis
ergibt ca 200 g Kürbisfleisch
Sonnenblumenöl

Mehl mit Ei, Salz, Öl und lauwarmem Wasser zu einem Teig kneten. Teig unter einer angewärmten Schüssel 30 Min. ruhen lassen. Danach den Teig 1 mm dick ausrollen. Den Kürbis schälen, in größere Stücke schneiden und mit einer Raspel reiben. Den geriebenen Kürbis salzen, 10 Min. ruhen lassen und danach die Flüssigkeit abtropfen lassen. Frischen Quark mit Sauerrahm und geriebenem Kürbis vermischen. Die Teigplatte mit Fett bepinseln, die Masse darauf verteilen und dann zusammenrollen. Auf ein eingefettetes Backblech legen und noch einmal mit Fett bepinseln. Danach im auf 200 °C vorgeheizten Backofen ca. 30 Min. goldbraun backen.

In den vom Teig umhüllten Füllungen kann Verschiedenes stecken. Es gibt Burek mit Hackfleisch, aber auch mit Käse-, Spinat-, Mangold- oder Kartoffelbreifüllung. Diese Gerichte nennt man auch "pita" und man genießt sie heiß direkt aus dem Ofen in den Läden "Piterija" genannt.

Blätterteigkuchen mit Hackfleischfüllung
Burek s mesom

400 g fertiger Blätterteig
½ l Milch

Für die Füllung:
250 g Rinderhackfleisch
1 gewürfelte Zwiebel
1 Bund feingehackte Petersilie
Salz und Pfeffer

Das Gebäck wird mit fertigem Blätterteig zubereitet. Eine runde Kuchenform mit einem 6 cm hohem Rand wird mit Öl ausgepinselt und mit einer ausgerollten Teigplatte etwas über den Rand gehend ausgekleidet. Mit etwas Milch tränken und die nächste ausgerollte Platte darauf legen und wieder mit etwas Milch tränken. Ist die Hälfte der Teigplatten verbraucht, soll die Füllung darauf verteilt und mit den restlichen, ausgerollten Teigplatten, die wieder mit Milch getränkt werden, abgedeckt werden. Den überhängenden Rand nach innen klappen und festdrücken. Die Oberfläche wird mehrmals mit einer Gabel eingestochen und mit etwas Milch bestrichen. Das Gebäck im vorgeheizten Backofen bei 200 °C ca. 25 Min. backen. Es wird warm serviert.

Blätterteigkuchen mit Hackfleischfüllung

Der kleine Kuchen zeichnet sich durch seine rechteckige Form aus und wurde schon in der Zeit der Renaissance gebacken. Er wurde im neunzehnten Jahrhundert in einem Roman des bekannten kroatischen Romanschriftstellers Šenoa beschrieben, wodurch er zum echten Zagreber Kuchen aufgestiegen ist.

Pfefferkuchen
Paprenjaci

1,25 kg Mehl
eine Tasse Schweineschmalz
70 g gemahlene Walnüsse
eine Tasse Zucker
2 Eier
3 El Honig
Salz
½ Tl Pfeffer
½ Tl Zimt
2 Eidotter

Mehl, Schmalz, Walnüsse, Zucker, Eier, Honig, Salz, Pfeffer und Zimt zusammen in eine Schüssel geben und solange kneten bis sich alles miteinander cremig verbunden hat. Zu einem Teig von etwa 1 ½ cm Dicke ausrollen und kleine rechteckige Teigstücke ausstechen. Mit dem verquirlten Dotter bestreichen und etwa 15 Min. bei 200 °C backen.

Maisgießkuchen
Kukuruzna zlijevanka

3 Eier
7 El grobes Maismehl
0,5 l Milch
200 g Frischkäse
1 Prise Salz
ein Becher Sauerrahm
150 g Zucker

Eier, Maismehl, Milch, Frischkäse und Salz miteinander vermischen und in eine ausgefettete Kastenform füllen. Mit Sauerrahm begießen und dem Zucker bestreuen. Im auf 200 °C vorgeheizten Ofen 40 Min. backen.

Mohnstriezel
Makovnjača

<u>Für den Teig:</u>
450 g Mehl
250 g Butter oder Margarine
1 Würfel Hefe
2 Eier
50 g Zucker
eine Prise Salz
1/8 L Milch
geriebene Schale einer Zitrone
2 verquirlte Eidotter zum Bestreichen

Mehl, Zucker und Salz miteinander vermischen und die Hefe in lauwarmer Milch auflösen. In das Mehl-Zucker-Salzgemisch eine Mulde formen und die Milch mit der Hefe hineingießen. Mit Mehl bestäuben und an einem warmen Ort zwanzig Minuten gehen lassen. Weiche Butter, das Ei und geriebene Schale einer Zitrone dazugeben und auf bemehlter Arbeitsplatte gut durchkneten. Falls der Teig klebt Mehl darüber streuen und unterarbeiten und danach 30 Min. zugedeckt gehen lassen.

<u>Für die Füllung:</u>
300 g gemahlener Mohn
25 ml Milch
geriebene Schale einer halben Zitrone
100 g Zucker
60 g Butter

Den Mohn in der Milch kochen bis er weich wird. Zitronenschale, Zucker und Butter dazugeben, gut miteinander vermischen und vor dem Füllen auskühlen lassen.

Den Teig in zwei gleichgroße Stücke teilen und quadratisch ausrollen. Jeweils mit einer Hälfte der Mohnmasse bestreichen und aufrollen. Die gefüllten Teigrollen auf ein mit Backpapier ausgelegten Blech legen und mit dem verquirlten Eigelb bestreichen. Bei 200 °C etwa 45 Min. goldgelb backen. Nach dem Abkühlen mit Puderzucker bestäuben.

Nußstriezel
Orehnjača

Für den Teig:
450 g Mehl
250 g Butter oder Margarine
1 Würfel Hefe
2 Eier
50 g Zucker
eine Prise Salz
1/8 L Milch
geriebene Schale einer Zitrone
2 verquirlte Eidotter zum Bestreichen
Puderzucker

Die Zubereitung des Teiges ist der des Mohnstriezels identisch.

Für die Füllung:
500 g gemahlene Walnüsse
300 g Zucker
1 El Rum
250 ml Milch

Walnüsse und Zucker mit heißer Milch übergießen, abkühlen lassen und den Rum unterrühren.
Den Teig in zwei gleichgroße Stücke teilen und quadratisch ausrollen. Mit jeweils einer Hälfte der Walnussmasse bestreichen und zusammenrollen. Die gefüllten Teigrollen auf ein mit Backpapier ausgelegtes Blech legen und mit dem Eigelb bestreichen. Bei 200 °C etwa 45 Min. goldgelb backen.

Diese offensichtlich aus Österreich stammende Spezialität, hat in Kroatien schon eine lange Tradition und hat im Verlauf der Jahre seine eigene Note bekommen.

Apfelstrudel
Savijača od jabuka

<u>Für den Teig:</u>
300 g Mehl
½ Tl Salz
2 El Öl
1/8 L lauwarmes Wasser

<u>Für die Füllung:</u>
1 kg säuerliche Äpfel
1 El Zitronensaft
1 El Zimt
Muskatnuss
2 El Butter

Mehl und Salz mischen, Öl und Wasser dazugießen und zu einem glatten, zähen Teig verarbeiten. Den Teig gut durchkneten und bei Zimmertemperatur eine halbe Stunde ruhen lassen. Äpfel schälen, entkernen, vierteln und in feine Scheiben schneiden. Äpfel mit dem Zitronensaft beträufeln, mit Zimt bestreuen und gut vermischen. Den Teig auf einem bemehlten Tuch möglichst dünn ausrollen. Die Äpfel darauf verteilen. Eine Prise frische Muskatnuss darüber reiben. Die Teigplatte mit Hilfe des Tuches zum Strudel zusammenrollen, den Strudel auf gefettetes Backblech legen. Butter schmelzen und den Strudel damit bepinseln. Im auf 200 °C vorgeheizten Backofen etwa 30 Min. backen.

Samobor, eine kleine Stadt nahe der Hauptstadt, ist für die Zagreber ein beliebtes Ausflugsziel am Wochenende. Sie ist berühmt für ihre zahlreichen Cafés in denen man die original „Kremšnite“ essen kann.

Cremeschnitte
Kremšnita

1 l Milch
4 Eier
150 g Mehl
170 g Zucker
1 Vanillezucker
1 Paket Blätterteig

Für dieses Gebäck verwendet man eine viereckige, etwa 5 cm hohe Form.
Zwei Blätterteigplatten zur passenden Größe ausrollen und auf einem Backblech im auf 200 °C vorgeheizten Backofen goldbraun backen.
Vier Eigelb mit dem Zucker und Vanillezucker gut verrühren und dann langsam das Mehl zugeben und verrühren. Danach 10 ml der Milch unterrühren. Die vier Eiweiß zu Schnee steif schlagen. Die restliche Milch in einem großen Topf zum Kochen bringen, von der Platte nehmen und die vorbereitete Eigelbmasse unter ständigem Rühren dazu geben. Noch einmal aufkochen. Von der Herdplatte nehmen, den Schnee darauf geben und vorsichtig unterheben.
Eine der Teigplatten in die Form legen, die noch heiße Masse darauf geben, mit der zweiten Platte bedecken und abkühlen lassen. Mit Puderzucker bestäuben.

Kroštule ist ein istrisches Dessert, das durch seine Einfachheit gewinnt

Istrische Schleifen
Kroštule

5 Eier
150 g Zucker
1 Päckchen Vanillezucker
Mehl soviel wie der Teig aufnimmt
Puderzucker zum Bestäuben
Fett oder Öl zum Frittieren

In einer Schüssel die Eier schaumig schlagen. Nach und nach den Zucker und Vanillezucker zugeben und so lange rühren bis sich der Zucker aufgelöst hat. Nun das Mehl löffelweise hinzu geben bis der Teig seine flüssige Konsistenz verliert. Danach den Teig auf einer bemehlten Arbeitsfläche weiterkneten bis er Blasen wirft. Mit dem Nudelholz dünn ausrollen und mit einem Teigrädchen in Streifen schneiden. Diese nun unterschiedlich verflechten und in heißem Öl oder Fett goldbraun ausbacken. Auf Küchenkrepp abtropfen lassen. Mit Puderzucker bestreuen und am besten noch warm servieren.

Bei den Fritule handelt es sich um kleine Krapfen, die schon im Mittelalter fester Bestandteil des Speiseplans in Klosterküchen waren. Heute werden sie hauptsächlich während des istrischen Karnevals gegessen

Fritule

2 naturbelassene Orangen
3 El Sonnenblumenöl
2 Eier
4 El Zucker
1 Tl Rum
300 g säuerlicher Joghurt
16 gehäufte El Mehl
2 Päckchen Backpulver
Öl oder Fett zum Frittieren
Puderzucker zum Bestäuben

Die Schalen der Orangen zusammen mit dem Weißen abschälen und dann das Orangenfleisch in kleine Würfel schneiden, die man in etwas Öl auf kleiner Flamme schmort bis sie glasig-bräunlich werden. Auf Küchenkrepp abtropfen lassen und beiseite stellen. Die Eier mit dem Zucker, dem Joghurt und dem Rum verrühren. Mehl und Backpulver vermengen, darüber sieben und unterrühren. Die Orangenwürfel ebenfalls unterrühren.

Das Frittieröl in einem tiefen Topf oder in einer Friteuse auf 180 °C erhitzen. An einem hölzernen Kochlöffelstiel, den man hineinhält, steigen dann feine Luftbläschen auf. Mit einem in Wasser getauchten Teelöffel kleine Teigkugeln formen, die in Öl etwa 5-10 Min. schwimmend ausgebacken werden.
Kosten Sie bei der ersten Partie, um die korrekte Garzeit zu ermitteln, die letztlich von der Temperatur und der Größe der Teigbällchen abhängt. Man lässt die Fritule auf Küchenkrepp abtropfen, bestäubt sie mit Puderzucker und isst sie möglichst noch warm.

Eine Spezialität aus Dubrovnik, die eher der feineren Küche Kroatiens zuzurechnen ist.

Dalmatinische Rožata
Dalmatinska rožata

6 Eigelb
1 Ei
200 g Zucker
1 l Milch

für das Karamell:
8 El Zucker

8 EL Zucker in einer Pfanne karamellisieren lassen. Das Karamell soll den Boden und ca. 1 Zentimeter des Randes der Förmchen, in denen die Rožata gekocht werden soll, überziehen. Die Milch mit dem Zucker aufkochen und abkühlen lassen. Die Eier verrühren, die Milch dazu geben und diese Mischung auf die Förmchen verteilen. Den Backofen auf 175 °C vorheizen und die Rožata im Wasserbad eine Stunde garen. Am besten am Vortag zubereiten, damit die Rozata durchziehen kann. Zum Servieren stürzen.

Register